EPIGRAMMATA

Manuel M. Hervás Lino

Aliarediciones

Corrección: Eladia Guerrero
Diseño de cubierta: Aliar Ediciones
Maquetación: Aliar Ediciones

Depósito Legal: GR 1721-2024
ISBN: 979-13-87590-12-3

Ref. Imágenes de cubierta: Final del cuarto libro de *Epigramas* en un manuscrito en la Biblioteca Apostolica Vaticana, Vat. lat. 2823, fol. 180v. AdobeStock.

Impreso en España

Edita
ALIAR Ediciones
www.aliarediciones.es
info@aliarediciones.es

EPIGRAMMATA

Manuel M. Hervás Lino

praeludium

una fugaz infraestructura
que puentea entre tú y yo
mientras quema en las entrañas,

eso es un poema:

un pájaro enfermo de vuelo,
un incendio enfermo de llamas,
un alcohólico enfermo de absenta,
una campana enferma de bronce,
un silencio enfermo de ausencia,
un viernes enfermo de lunes,
un libro enfermo de tinta,
un cielo enfermo de estrellas,
un sol enfermo de luna,
una tarde enferma de noche...

... un yo derrotado
y
baldío
y
enfermo
de
ti...

Saber de ti…

Sé de ti cuando aprieta la melancolía
y
el corazón se estrecha
en un puño de nostalgia.

Sé de ti
cuando el estómago se angosta
en un todo sin destino
e
implosiona sobre sí mismo.

Sé de ti cuando tu nombre penetra
en la ósmosis de los días
y
en la perspicacia de las noches.

Sé de ti
cuando el vaho de tu ausencia
se condensa en mis pulmones...

... los lunes porque eres lunes,
los martes porque eres martes,
los miércoles porque eres miércoles,
los jueves porque eres jueves,
los viernes porque eres viernes,
los sábados porque eres domingo

y
los domingos porque eres fe,
no hay día en el que no seas contexto,
ni contexto en el que no seas razón...

Surrealismo noctámbulo y sonámbulo

Sábana sabana y noche en blanco.
Artilugios, andróminas y sombras
que discurren sobre la pared, igual de blanca.
Surrealismo noctámbulo y sonámbulo
(sonambulista sobre barra fija).
Algún murmullo callejero.
Engañado engañador
(engañista sobre barra fija).
Olor a ébano y a río Sena.
Sabor a Etna y a Krakatoa.
Noche absurda.
Noche...

La cristogénesis nostrea una diástole de apremio...

titulares

Leo,
curioso,
los titulares del diario,
para saber quién debe ser mi héroe
y
a quién debo odiar
hoy.

amanecer

el amanecer pregunta
quién es esa de la foto
que me quema en las pupilas
¿le cuentas
o
le cuento...?

sueño

Sueño y vicio eres, amiga,
solo mi despertar te necesita más que mi anochecer,
solo mis ojos te necesitan más que mis labios,
solo mi alma te necesita más que mi cuerpo.

Sueño y vicio eres, amiga,
y
el fuego que da calor a mis noches
y
el fuego que me abrasa en mis infiernos...

(llámalo cambio climático o...) llámalo equis

Quema agosto neonato urbi et orbi,
sol de injusticia
para el verano más caluroso,
el primer verano
del resto de nuestra vida

historia de amor

sabes que, como yo,
nunca nadie
y
sabes que, como tú,
nunca yo

índice

el mundo es un libro de poesía
y
usted es el índice
que lleva a todos los versos

desmemoria

Ni siquiera el olvido te olvida,
cuando rampéa la desmemoria

noche

… cuando la noche es un suicidio
atrincherado en un poema…

receta

tu compañía en grageas,
una cada ocho horas,
tu sonrisa en jarabe,
un sorbo cada ocho minutos,
tu aroma en los efluvios
de los aceites esenciales,
uno cada ocho segundos,
tu voz
en los ocho espacios
del conocimiento
y
tu mirada
en los ocho destinos
de la rosa de los vientos...

pecador

de pensamiento,
palabra, obra y omisión,
la culpa es tuya...

refrán

no es poco todo lo que reluce

inanimismo

no sabría ser
el alma que remedia
tu inanimismo

ese lugar en el tiempo

¿Sabes ese momento concreto en ese lugar concreto y con esas circunstancias concretas? ¿Con un cielo concreto, en un universo concreto y el horóscopo sonriendo y el reloj afirmando y la verdad destacando? ¿Y con un poema reinando y el destino rendido a nuestros pies? Pues, eso, amiga mía, eres tú…

pueblo

Perdido en su no querer saber quién es,
mi pueblo hace siglos que no sabe quién es.

refrán

la esperanza fue lo último que perdí

lío

... si algún día hiciera caso
a lo que dice la luna,
la liaba...
... para bien o para mal...
...
... pero...
... La liaba...

Soledad

solos yo
y
el tiempo que perdí
y
que ya no es mío

El caballero de la triste impostura

En un lugar de la Comunidad Autónoma de Castilla-La Mancha, constituida al amparo de la Constitución y para salvaguardia de la indisoluble unión de la nación española, de cuyo nombre no quiero acordarme, no ha demasiadas ediciones de *Gran Hermano* que vivía un aspirante a cayetano de los de fachaleco, adarga quiero y no puedo y sus tres botones abiertos en la camisa, hervido y hambre en invierno para presumir en verano, Mercedes de segunda mano y champán de marca en navidad (y nunca cava, ¡por Diossss!).

Tenía en su edificio un portero al que miraba con desprecio y en el pueblo a una vecina a la que miraba con lujuria. Simulaba ser amante de la caza con una testa de ciervo que adornaba el comedor y que compró de quinta mano y media en la trastienda del rastro. Frisaba la edad de nuestro infame, la atemporalidad.

Quieren decir que tenía varios sobrenombres, a cuál más odioso, que en esto hay alguna diferencia en los autores que deste caso escriben; aunque por conjeturas verosímiles se deja entender que es mejor no mentar la bicha. Pero esto importa poco a nuestro cuento: basta que en la narración de él no se salga un punto de la verdad.

Tres momentos de un amanecer

I.-

Todo aquello que de sacrosanto tiene el amanecer queda plasmado en ese incensario de susurros en el que exhalo tu nombre por primera vez mientras mis manos te buscan, inútilmente, en el vacío infinito de un colchón infinitamente cavío e infinitamente inútil…

II.-

Tu nombre explota en los más íntimo de mis noches, jadeado a dúo por mi cuerpo y por mi alma y proclamado por mi sed.

Tu nombre es el título que da esencia a mis memorias. Tu nombre es el momento que da tiempo a los relojes, el himno de mis desvelos, la luna llena de mis noches sin luna, el poema que germina cuando todo está perdido, el talismán de azabache que santifica mi fe… Tu nombre es el cáliz en que comulga mi ser.

Consagrado por mis labios, que se mueren por los tuyos, tu nombre tiene un altar en los templos de mi amanecer.

III.-

Serás
y
harás que todo sea.

T'amenesto

T'amenesto ta vivir...

¿Sabes?

¿Sabes? Si tú estás, vivir sirve de algo...

perdendosi

El día del fin del mundo bajará el telón mientras la orquesta interpreta una certera cadencia perfecta que se extinguirá en un perenne «perdendosi» y los paisanos del Olimpo estallarán en una sincera y contundente ovación. E la commedia sarà finita...

Cinco de mayo en la glorieta

(Segorbe. Glorieta. Siendo las 11:03 del domingo cinco de mayo de 2024)

El no tan inminente verano empalaga ya los días con sus calores prematuros mientras Segorbe sigue malgastándose a sí mismo.

No hay nada tan previsible como un reloj ni nada tan imprevisible como el calendario.

No hay nada tan imprevisible como el humo de una vela que se apaga ni nada tan previsible como un pueblo que se abandona al huerismo.

La mañana veranea el mes de mayo mientras Segorbe sigue malgastándose a sí mismo.

Segorbe. Glorieta. Siendo las 11:03 del domingo cinco de mayo de 2024.

ese momento

... y luego viene ese momento en el que piensas en mí sabiendo que, sea cuando sea, yo estaré pensando en ti...

Eratóstenes

Eratóstenes de tu cuerpo
quisiera ser,
Magallanes de tu piel
y
Cristóbal Colón de tus delirios,
Neil Armstrong de tus sentimientos
y
Gagarin de tus arrebatos,
Hedy Lamarr de tus apetitos
y
Gengis Kan de tus pasiones más íntimas,
Hipatia de tus argumentos
y
María Moliner de tus jadeos,
Tereshkova de tus noches
y
Aristocles de tu sol,
Simone de Beauvoir de tu verdad
y
Amelia Earhart de todos los recodos de tu ser,
quien libe la comisura de tus labios
y
paladee el regustillo de tu exudación,
el «tú» de mis anhelos en el trasfondo de tus empeños

y
el «yo» de mis creencias en los axiomas de tu fe,
el
Stephen Hawking de todos y cada uno de los poros de la pleura de tu alma...

trámite

Hoy es una de esas noches en las que me gustaría explicarte que no te arrepentirías, que valdría la pena, que la vida sería un poema y no habría un poema que no fuera nuestra vida, tuya y mía y de los dos y entre los dos, que todo lo venido y por venir adquiriría algún sentido, que el gran punto de inflexión tendría la forma y el semblante de tus labios, que tus ojos y los míos marcarían el camino, que la luna sabría, por fin, para qué sirve, que el universo sería tan infinito como tú y yo lo contemos...

... hoy es una de esas noches en las que tu ausencia es solo un trámite...

Autorretrato de memoria

No soy más que el pecio absurdo de la absurda y descabellada idea de parirme en este mundo.

es decir...

Te necesito, es decir...

Te necesitan mis brazos
Te necesitan mis versos
Te necesitan mis manos
Te necesitan mis sueños
Te necesitan mis dedos
Te necesitan mis días
Te necesitan mis labios
Te necesitan mis noches
Te necesita mi piel
Te necesitan mis fríos
Te necesitan mis ojos
Te necesitan mis sábanas
Te necesita mi aliento
Te necesita mi espejo
Te necesita mi amor
Te necesito en mi agenda y dar tu nombre al calendario
Te necesito en mi cielo y dar tu nombre al arrebol
Te necesito en mi viaje y dar tu nombre a mis conquistas
Te necesito en mi odisea y dar tu nombre a Lilith, a Guiomar, a Penélope y a todas las Ítacas que sea capaz de conformar y que tú convertirás en una sola...

... es decir,

Te necesito

Pues eso...

¿Sabes aquello de los peces con el mar, las estrellas con la noche, las aves con el cielo, el tiempo en el reloj y el tupinambo con el sol...? Pues eso...

Fin del acto primero

Cada curva de tu cuerpo es un desafío al tiempo.
Cada poro de tu piel, una epifanía.
Cada sonrisa que sonríes es la catarsis definida.
Cada momento contigo, una razón de vida.

¿Sabes que «vivo sin vivir en mí» porque vivo por vivir en ti?

(El poeta coje su alma en carne viva y la entrega a Poseidón en rogativa para que, presto, le guíe a Ítaca.

Penélope sonríe).

Fin del acto primero.

momentos

Hay momentos en que no
y
hay momentos en que tú...

amanecer

amaneceres
de nostalgia, de anhelo
y
de ausencia de ti

¿Que por qué?

Porque sí,
porque no queda más remedio
y
porque no hay otra opción...

... por todo eso
y
por algo más...

Milan

La insoportable levedad del ser o no ser. Esa, y no otra, es la cuestión...

¿España?

España is not Spain

saetas

el sol cabalga
en el sentido contrario
a las agujas del reloj

Manolo Miralles in memoriam

Agost del 23

que trone
el Cant dels Maulets
i,
si hem d'apitxar,
apitxarem

tabique

tabicaremos
el cielo de sueños
y
felices perspectivas

historia de amor

escribes un verso
cuando trazas mi destino
al pasar ante mis ojos
de aspirante a ti,
de aspirante a poeta

catecismo

Gustav Mahler es Dios
y
Claudio Abbado su Profeta.

refrán

No hay mal que a joder no venga.

historia de amor

Solo usted conoce el password del nirvana.

duda

No sé si es una berrea
o
es que están cantando un gol...

zape

un gato me mira
con esa indiferencia
con la que solo un gato
es capaz de mirar,
tan apática
e
insolente,
que no sé si sentirme ofendido
o
echarme a reír

historia de amor

hoy me has despertado poeta

apuesta

Tu sonrisa es una apuesta
que el diablo hizo con Dios
para perderme

pequeño tratado de metapoesía

escribir un poema
es trabajo del poeta,
darle un significado
es trabajo del lector

instante

... ese instante
en el que crees reconocer,
en la imagen de otr@s
a aquell@s que ya no están...

olvidado

en las esquelas
de hoy tampoco salgo,
hasta aquí me han olvidado...

33 botones de sotana

Varios haikus y algún tanka

I

Vuelve la noche
enamorada de ti,
toda nostalgia

II

suena un columpio
en el parque de abajo
como un gorjeo

III

quema el silencio
y quema el jardín en que
sufro tu ausencia

IV

todo motores
ocultando la noche
tras su estridencia

V

árbol sin ramas
talado a deshoras,
ramas sin hojas

VI

háblame de ti,
rogué al tiempo que perdí,
después fue tarde

VII

no regresaste,
por mucho que te rogué,
a nuestro banco

VIII

vuélvete a mirar
a través de mis ojos
y comprenderás

IX

retroalimento
desconsoladamente
mi lado oscuro

X

creo que sabré
descomponer el tiempo
para ser haiku

XI

un dos tres cinco
siete catorce y dos más
y diecisiete

XII

lo siento mucho,
no volverá a suceder,
dijo aquel viejo

XIII

lo siento mucho,
no volverá a suceder,
dijo el monarca

XIV

lo sintió mucho,
pero volvió a suceder,
ya son tres siglos

XV

ciento por ciento
procrastinador precoz,
pienso en mañana

XVI

tintinnabulum,
alis venti cantare
caeli clamoris

XVII

do re mi fa sol
do re mi fa sol la sol
sol mi re sol do

XVIII

idealització
del reflex de la lluna
a les finestres

XIX

encorsetado
en su tenaz armazón
deviene el haiku

XX

de grandes haikus
están las sepulturas
abarrotadas

XXI

desfibrilador
y cantos de sirena;
especulación

XXII

la Barcelona
dels deu milions de somnis
batega per tu

XXIII

davant nosaltres,
somni de capçalera,
Barcelona riu

XXIV

si te contara,
si llegaras a saber,
si tú supieras

XXV

calmo la lengua,
clausuro los teclados,
no digo nada

XXVI

daré sentido
a lo que nunca dije
pero contigo

XXVII

llum de tendresa
néctar de fascinació
història d'amor

XXVIII

una bandera
para esconder la vileza:
patrioterismo

XXIX

se te compara
con la lluvia de agosto
reparadora y
portadora de vida,
calma y refrescante

XXX

marcapáginas,
cicatriz de conceptos,
manifestación
de un interés egregio,
otero en el camino

XXXI

manifestación
en contra del silencio:
rezongo del mar

XXXII

ola de calor,
otra ola de calor
azota el día

XXXIII

hay un susurro
de viento en la ventana
rozando el día

microcuento en tres tankas y un epílogo

como la luna,
sucedes cada noche
en el negro tul
en que el cielo discurre
y las estrellas danzan

como a la noche,
te espero cada día
agazapado
tras el largo silencio
de un calendario sin rumbo

como el silencio,
ignoras la derrota
de mis naves
traicionadas por el mar
y sus bravías olas

ciento siete kilómetros piel adentro
dueles en la herida
que Judas no cerró...

LTT9779b

nubes de metal
y
lluvia de titanio…

… déjame imaginarte diáfano
y
brillante,
con peces amarillos
bailando entre tus montañas
y
pájaros rimando
sonetos en viejas lenguas,

en el horizonte el mar
en que los sueños se materializan
y
en tus cielos aquel viento
que silba con voz de cristal,

planeta de fuego,
planeta soñado…

Rueda de haikus

I

renuncio al calor,
el frío será mi dios
y causa de fe

II

poble valencià,
l'únic poble suïcida
de la creació

III

prohibido ser
valenciano en Valencia
cuando mandan ellos

IV

vint-i-cinc d'abril,
desgràcia del meu poble,
de mil set-cents set

V

García Lorca,
diecinueve de agosto,
de madrugada

VI

borracho de ti,
de cerveza y de licor,
después resaca

VII

lo de recorrer
el mundo dentro de un haiku
¿para cuándo?

… y el rey del mambo…

los Reyes Magos
son los únicos reyes
dignos del nombre

…

precipitóse
al cósmico vacío,
arrepintióse

un poenimio y dos haikus

leí tus labios
en busca de redención
y penitencia

hoy solo queda
el viento y sus rezongos
de todo aquello

en cada poro de tu piel
un haiku a tumba abierta

mai

mai seré pedra
mai seré un sentiment buit
mar seré plàstic

cansado

harto de la luz,
tentado por las sombras,
rendido de dolor

película

y, digo yo,
¿la verdadera materia de la religión
no será descubrir
quién
o
quiénes
son los espectadores
de esta película de mierda...?

ritual

ritual de tinta
y
vida,
te verso para dar sentido al día

no hay más altar
que el vacío que desalojas
en la holgura en que mis dedos
se deshojan
ni más eucaristía
que el aroma imaginado
de tu esencia

ni más cristogénesis
que el rezongo de tu nombre
entre las hojas de mi agenda

oveja negra

hago callar a mi corazón
por no hacer ruido,
contengo sus latidos
por miedo a molestar,
con ciencia
y
a conciencia
intento dejarme arrastrar
por la inercia blanca
y
huera
del colectivizado
y
colectivizante desaliento social,
pero el negro de mis lanas
se destaca en la marea,
no hay refugio

big bang

hubo una explosión que hizo brillar la nada,
después todo comenzó a vibrar,
infinitos millones de infinitas vibraciones, infinitamente pequeñas,
sumadas en una infinita vibración llamada vida

campechano

borbónico, apostólico y romano

nada

nada más todo que la propia nada

verdad

la verdad es un campo de concentración para quien no quiere creerla

noche

La noche es la Biblia y,
el cielo,
el Evangelio que cincela tu palabra
en los cimientos de mi fe.

Las estrellas, las Bienaventuranzas,
y
la luna, el pan ácimo de anhelo consagrado que transubstancia la barahúnda de conmociones con que interpelas a mi destino.

La cristogénesis nostrea una diástole de apremio...

sueños

Por soñarte,
renuncio a todo sueño
que no me incluya en tus sueños

dormir

... es que no sé para qué sirve dormir
si no es para soñarte...

Refranes

a quien buen libro se arrima buena sombra le cobija

no es oro todo lo que se luce

cada loco con su lema

más vale saña que fuerza

la intención es lo que se cuenta

una golosina no hace verano

hablando del rey de Roma, por Zarzuela asoma

oveja que baila, bocado que pierde

no hay poenimio que por bien no venga

a cada lerdo le llega su San Martín

más vale porvenir que curar

a palabras recias oídos ñordos

de tal falo, tal astilla

ocho por ocho, veinte por veinte

a rey tuerto, repuesto

llagas

abre una llaga en la lengua
todo aquello que no he dicho,
ulcera una llaga en el alma
todo lo que no te he dicho

solos

solos tú
y
mi soledad
al despuntar del alba

tanka

glorieteaba
huyendo de la muerte
un mirlo vino a verme,
entre las ramas
oteaba al leñador

haiku

el sol de agosto
sobre los cuerpos mortales
¿es penitencia?

cadenas

las cadenas solo habrían de servir
para que las ruedas de la libertad
no resbalen en la nieve,
dijo
el
rojo...

tal vez…

Tal vez se pudiera decir más alto, pero no sin perderse en la diáfana claridad de un sueño

perdido

me pierdo en los caminos
que la noche traza en tu cabello,

yo,
que realmente no soy nadie
sino un simple atardecer
que da sombra bajo el sol
y
que aspira a convertirse
en horizonte de sucesos
de la hipersuperficie de tus ojos,

yo,
que gravito espacios vanos
confundiendo inteligencia artificial
con el oráculo de Delfos
y
la sotana de la noche
con el manto de tu piel,

yo,
ludens muta, cum semper et urbi et orbi...

yo...

Apocalipsis

los cuatro jinetes surfean
tu aura de santidad
bordeando el apocalipsis
y
haciéndote partícipe
del armagedón

Oferta

Por cese de negocio...
Cuatro Jinetes S. L. vende Apocalipsis seminuevo, en buen estado.
Precio a negociar.

Abstenerse extremas derechas de bigote, odio, barba y misa,
cuenta en Suiza y financiación dudosa...

decisión

¿tomamos,
ya,
una decisión
o
la echamos a muertes?

audacia

todo amanecer tiene su audacia
y
su razón de ser
engarzados en la pragmática logística
de un silencio,
tu silencio,
que se filtra entre las nubes
que trampean la alborada

sin quererlo…

¿sabes?
sin quererlo
y/o
sin saberlo
(o tal vez sabiendo
y/o con intención...),
espesas
y
das sentido
a una poesía que,
sin ti,
sería un informe líquido andrajoso
infiltrado en las covosas
catacumbas
de mi alma

quizás

Quizás, algún día
o, tal vez, alguna noche,
sola o en compañía,
en la calma del silencio
o en medio de la tormenta,
en tu cama o en un libro,
en la música que escuchas
o en el lienzo que degustas,
en medio de un terremoto
o en el rezongo de un suspiro,
en el fondo del espejo
o
en las hebras del cepillo
con que acicalas tu cabello,
escucharás mi voz diciendo cosas
que, tal vez, no son prudentes,
o
parezcan insensatas,
no te asustes, no hay peligro,
será solo mi conciencia
en su camino hacia tu alma
o será solo mi alma
en su camino hacia tu piel,
o será solo mi piel
en su camino hacia tu cuerpo,
o será solo mi cuerpo
en su camino hacia tu Aleph.

esos días

esos días
en los que toca hueso el verso
y
la metástasis no deja
que sonría el cielo
y
el infierno
cala hasta el tuétano
y
no hay espacio
para tanta soledad,

esos días
de ti
sin ti
por ti
sin ti
ante ti
sin ti
para ti
sin ti
y,
a ratos,
solo a ratos,
contra ti

finales

se me ocurrieron mil formas
de terminar aquel poema
que nunca comencé
y,
de las mil,
mil partían de tu nombre
para regresar a él

historia de amor

Simplemente sucedes...

ignorante

es tan ignorante
que cree que sabe...

Realidad fluida

esto es así
y
no hay más

ahora solo debes aprender
las mil seiscientas
excepciones a la regla

viaje

el tictagueo del reloj
deletrea la noche
que se desparrama
entre los grafemas de tu nombre
como un viaje que comienza,
el gran viaje hacia Ítaca,
el gran viaje hacia ti,
el gran viaje

tiempo de descuento

en tiempo de descuento
y
en el espejo de tus ojos
entreno una sonrisa,
la que habría de acicalar tus días
y
aliviar la gravedad
de cada una de mis noches

temor

Sé la respuesta,
pero tengo miedo a la pregunta

existo

Te pienso,
luego existo

cosmología

por mucho que insistan los científicos, el universo no existió hasta que no hubo un ojo que lo viera y/o un poeta que lo explicara...

Historia de amor

cárcel vieja
para nuevos argumentos
y
sin indemnización posible

poenimio en dos partes
(1.- aseveración y 2.- petición/ruego)

1.- sé la pregunta
2.- sé la respuesta

nostridad

maldito aquel día en que renunciamos a nuestra nostridad y nos rendimos a esta nostridad tan extranjera y tan preñada de otredades

maldito siempre

maldito

sin solución de continuidad

Amaneces
de nuevo,
sin solución de continuidad
ni indemnización posible,
simplemente tú,
amaneciendo a, ante, bajo, cabe,
con, contra, de, desde, durante,
en, entre, hacia, hasta, mediante,
para, por, según, sin, so, sobre,
tras, versus
y
vía
el día que deviene inexorable...

aquí adentro

aquí adentro
eres
la eterna emergencia climática
el eterno caos
la tormenta perfecta
la eterna lluvia de estrellas
la eterna aurora boreal
el sendero eterno
el momento eterno
el eterno viaje
la Penélope ostensible
el cantar de los cantares
la estenosis miocárdica
y/o
la angioplastia coronaria
el mausoleo al soldado desconocido
la llama eterna
la entropía descarriada
el verso todo
el universo todo
el metaverso todo
la quinta fuerza de la realidad
el prefacio necesario
y
el epílogo agradecido
el contexto

el pretexto
el hilo de arena que fluye
de cazoleta en cazoleta
el cincuenta en la diana
el blanco de todos los versos…

TRES SUSURROS AL OÍDO

I

... el eco de tu voz disuelto
en el cobrizo de la noche
como el azúcar que se disuelve
en la tisana de tus ojos

II

¿sabes ese poema que se me oculta
en la maraña de tu cabello?

III

hoy me he sorprendido
devolviendo una sonrisa
a aquella foto...

himno

solo con tus labios
sé cantar el himno de la noche

poenimio

cien años de soledad
y
una canción desesperada

escrito está,

No solo del mal vive el hombre

título de propiedad

pareciera que la calle sigue siendo suya
y
de los suyos

07:00 a. m.

la luna sonríe, guasona,
cuando ve que te busco
entre las calles, aún vacías

que si a dónde voy
—me dice—,
que si qué hago a estas horas
pasando las aceras
si aún no ha salido
ni el sol...

yo le digo que a buscarte
entre las sombras que se extinguen
y
ella vuelve a sonreír,
condescendiente,
y
pasa página...

te espero

yo siempre seré poeta
mientras tú seas poema,
corredor de fondo
mientras tú seas la meta,
Ulises
mientras tú seas Penélope,
caudal
mientras tú seas océano,
fuego
mientras tú seas la llama
y
cielo
mientras tú seas la luna

te espero, como siempre,
en esa fina veta que separa
el todo
del
nunca

Epigrama electoral

como primera medida, nochificaré los días y consumaré la primaverazación de todos los resquicios que sobre el mundo ranuran.

Epigrama guerrero

Cuando los hermanos Wright (Wilbur y Orville) inventaron el avión, pensaron que su invento acabaría con la guerra.

Cuando Alfred Nobel inventó la pólvora, pensó que, con su invento, acabaría con la guerra.

Cuando el pueblo ruso se inventó aquel sistema de la república de los soviets, pensó que, con su invento, acabaría con la guerra.

No faltó aquel que pensó que el cinematógrafo acabaría con la guerra.

H. G. Wells imaginó un gran Gobierno mundial que acabara con la guerra.

Mucha gente imaginó que la gran guerra del 14 sería la gran guerra que acabara con la guerra.

Y aquí estamos, devorados por la guerra.

Patti?

people have the tower.

Epigrama estival

en una de esas mañanas llenas de calor, bochorno y canícula, inundé el centro de la ciudad de octavillas y panfletos mientras, pedante como el sol, gritaba: ¡¡VIVA EL INVIERNO Y ABAJO EL ESTÍO!! y reclamaba el derecho de toda persona invernalizada a sentir el frío sanador tras los confines del abrigo.

hombre de fortuna

lancé el dado
y
salió un siete
cuando,
desafortunadamente,
yo había apostado al cero…

ola de calor

el calor de hoy pesa más
que la lluvia de ayer
y/o
que el mismo porvenir

hay quien habla
de avanzar entre el calor a machetazos
(hay quien habla de una ola de calor
y
hay quien habla de un verano sahariano)
y/o
de cuerpos rebozados en sudor

poniente pedante rampante
y
con instintos criminales,
se acomoda en las esquinas
a la espera de un cliente…

Aleph

ni alfabeto
ni calendario
ni vademécum
ni cristal de Wilczek:
tú
y
solo
tú

demo ¿quién...?

para la democracia
hace falta un pueblo culto
para la demofagia
basta con un pueblo inculto
para la demomafia
ya tenemos lo que somos

poenimio

no solo de flan gime el nombre

dormir

dormir
dormir hasta que la noche duela
y
el día deje de asfixiar

(cuello durmiente)
(sello durmiente)
(resuello durmiente)
(vello durmiente)
(destello durmiente)

(dormir a descabello)
(dormir a cuerna suelta)
(a taberna suelta)
(a mancuerna suelta)

(dormir a baderna suelta)

pero dormir,

y
que tus sueños arropen los míos
en un proyecto conjunto de noche
de resultado impredecible pero inmenso

autorretrato

Hervás
y
Lino,
manuel
miguel,
o el eterno
«y menos mal que...»

valencians de la ratlla d'Aragó

lo realmente curioso
no es que me mires con desprecio
cuando te digo quien soy,
lo realmente curioso
es que te miras con desprecio
cuando
te digo
quien
eres

rumores

los rumores sobre mi muerte
han sido
pretendidamente imaginados

tal vez

el día llegará
en que alguien volverá a recordarme,
tal vez cuando muera,
tal vez solo si hago una salida triunfal
propia del mejor Berlanga,
o,
tal vez,
porque sí,
porque el día habrá llegado

hasta entonces,
me resigno a compartir mi soledad
con lo más yermo
de mi impotencia

bienaventuranza

bienaventurados los poetas,
porque de ellos
será el reino
de
los
sueños

síndrome

síndrome de Ulises
cuando tus ojos son la patria

hoy…

… o cuando la ignorancia es una,
grande
y
demasiado libre

misteri

palma daurada
magrana
melisma
i
ventall

Maria
Joan
la Festa
i
la Vespra

assumpció
tramoia
ternari
i
passió

el núvol
el poble
l'araceli
i
la trinitat

cultura d'un poble
que va arribar a ser culte,
just quan era poble

tot un misteri

días…

quince de la Asunción
y
sudor desde bien temprano,
tropiezos en el horóscopo
y
aburrimiento vital

(he de tomar decisiones)

acodado en el termómetro,
agosto se ríe de mí
y
parece no haber tiempo
para tanto contratiempo

(hoy es uno de esos días)
(he de tomar decisiones)
hago mutis por el fango

tras una lectura de Cortázar

I

llorar por llorar,
sin motivo
y
para nada,
por pasar el rato
y
mientras busco un nuevo libro
en que leer

II

cantar
y
dar el cante,
en ocasiones,
todo es uno

III

invocando al dios del miedo
teje nuestra sociedad la historia

IV

caricaturas

V

cuando Roma ya no exista
y
los humanos no seamos
sino
esclavos de la hormiga reina,
será entonces cuando lamentemos
no haber leído a Cortázar

VI

entre una escalera que no va a ninguna parte
y
otra cuyos escalones
ni suben ni bajan,
sino que mantienen el nivel perpetuamente,
te hará elegir la vida…

VII

en el fondo,
un reloj no es más que un látigo
de 24 puntas

VIII

todo se reduce a dar vuelta al artefacto,
de forma que la cazoleta llena quede arriba,
y
dejar que la naturaleza siga su rumbo

duda razonable

el hipertexto
¿es un relato en tres dimensiones?

¿Humphrey…?

siempre nos quedará partir…

de ilusión…

pensé
que se había proclamado la democracia
pero solo era un grupo de borrachos
entonando himnos fascistas

amén

amen
amén

fondo y forma

en el fondo, todo es forma

bloopers

me temo que los *bloopers*
y
los *highlights* de mi vida
no difieren demasiado…

otra de dinosaurios

cuando el dinosaurio despertó,
Monterroso estaba, ya, cansado
de que versionáramos su cuento

prescripción médica

dicen que,
en realidad,
si Eva comió la manzana
fue para intentar curar su diarrea

derecho internacional

el mingitorio es el único lugar
en el que el populacho puede defender
sus aguas jurisdiccionales

democracia

primero fue el cuarto poder
y
después fueron los demás,
los que dejaron de ser poder
para convertirse en transacción

noche

desnuda de arreos,
la noche cabalga en tu búsqueda,
una vez más,

mientras,
agazapados en el palco de los sueños,
mis ojos esperan
noticias
de
ti

últimas noticias

infarto en un burdel,
el interfecto murió en el acto

polvo

de polvo eres
y
echo polvo estarás

química

yo lo miraba con un microscopio
él me miraba con un telescopio
yo examinaba su modus vivendi
él estudiaba mi modus operandi
yo siempre lo consideré un microbio unicelular,
curioso pero prescindible,
él siempre me consideró una anomalía astronómica,
interesante pero pasajera,
nunca hubo química entre nosotros,
solo astrofísica
y
microbiología

rostro panfletario

cuando aquella calavera
usaba melena
y
pintalabios,
nunca llegó a suponer
que acabaría anunciando
un máster en arqueología

toreromaquia

el torerorero
torea toreros
en el hall
del ministerio de cultura

vientofilia

la bandera en su mástil
y
la virgulilla en la eñe
necesitan del viento para lucirse

poder 1

¿puede un verso ser la clave
que mantenga en pie
el edificio de los sueños?

poder 2

¿puede un nombre ser la clave
que mantenga en pie
el edificio de mis sueños?

experto

experto en tuyología
paleoantropólogo de tu vida
historiador de tus razones
pero ignaro de sí mismo

hojas de diario

por no saber deshojar el calendario,
deshojamos el diario
y
nos quedamos sin memoria

historia de amor

riego por goteo
y
rumbo de colisión:

en el amor
y
en la guerra
todo mata

historia de amor

me necesito
entre tus versos

Haikugrama estival

escribir haikus
para pasar un día
entretenido

palabrearlos
intentando dar a luz
un pensamiento

acompañando
el pasar de las horas
sin pretensiones

descomponiendo
la mañana en momentos
pespunteados

y cada tarde
en un cuento de Borges
ribeteado

eminentísima, reverendísima, sacrosanta y superchachi transición española:

arrancada de caballo y parada de burro

Haikugrama nocturnal

I

dulce tormenta
de tormentoso almíbar,
noche de sueños

II

algunas noches
cabalgó el silencioso
rumor del viento

III

solo la luna
justifica la noche
con sus estrellas

IV

grita la noche
suspiros de poeta
en tu cabello

V

nocturnalismos
y aromas de futuro
en tu cabello

VI

luna de agosto
para versarte al oído
dulces razones

VII

cadencia final,
cuando la noche plañe
todo se acaba

mímesis

mímesis ecuménica,
uniformidad
y
silencio,
plagio,
sucedáneo,
simulación
y
parodia,
rebaño eterno
e
insalvable,
miedo a la singularidad,
miedo
a
ser
yo
mismo

paradoja cuantica

prexiné un poema que fablase de tot o que siempre he quiesto dezir
y
dezir-te,
una espezie de poetico Aleph ecumenico
y
universal,
completo en a suya infinita parcialidad,
absoluto,
perfecto,
enradigau en a cristogénesis d'as tuyas razons
y
con as tuyas razons como unico argumento d'a cristogénesis

luego prexiné una realidat bien relativa
y
diversa
fluctuando en o campo de minas
d'a paradoja cuantica…

paradoxa quàntica

vaig imaginar un poema que parlara de tot el que sempre he volgut dir
i
dir-te,
una mena de poètic Aleph ecumènic
i
universal,
complet en la seua infinita parcialitat,
absolut,
perfecte,
arrelat en la cristogénesis de les teues raons
i
amb les teues raons com a únic argument de la cristogénesis

després vaig imaginar una realitat ben relativa
i
diversa
fluctuant en el camp de mines
de la paradoxa quàntica…

paradoja cuántica

imaginé un poema que hablara de todo lo que siempre he querido decir
y
decirte,
una especie de poético Aleph ecuménico
y
universal,
completo en su infinita parcialidad,
absoluto,
perfecto,
enraizado en la cristogénesis de tus razones
y
con tus razones como único argumento de la cristogénesis

luego imaginé una realidad bien relativa
y
diversa
fluctuando en el campo de minas
de la paradoja cuántica…

nusatros

nusatros
os que emos olbidau qui somos
aquels a los cuals se nos ha instigado l'auto odeyo
aquels a los cuals se nos ha feito creyer que somos qui no somos
nusatros

nosaltres

nosaltres
els que hem oblidat qui som
aquells als quals se'ns ha instigat l'auto odi
aquells als quals se'ns ha fet creure que som qui no som
nosaltres

nosotros

nosotros
los que hemos olvidado quien somos
aquellos a los que se nos ha instigado el auto odio
aquellos a los que se nos ha hecho creer que somos quien no somos
nosotros

alguna greguerías

(tras una lectura de don Ramón Gómez de la Serna)

la Ñ es una N coronada
(como un borbón, pero con utilidad…)

dejó de llover cuando la lluvia se dio cuenta de que la broma ya no hacía gracia

era tan mediocre que solo aspiraba a ser guapo

era tan mediocre que, odiando como odiaba el fútbol, devoraba a tumba abierta todos y cada uno de los partidos del siglo nuestro de cada día para tener algo de qué hablar el día siguiente

el lavatorio de los pies en un charco

el mismo viento que aventa las banderas, azota los calzoncillos de Ramón Gómez de la Serna

los físicos hablan del multiverso como los poetas hablan del espejo

¿… y no será el tal Adán el que nació de los designios de Eva?

a la cicatriz de la costilla de Adán los médicos la llaman «ombligo»

asomarse a la luna para ver lo que hay detrás

substituir las estrellas por leds y la luna por un plafón fluorescente es lo más ecologista

silbó el tren a lo lejos musicando el horizonte

doy prácticamente por seguro que la vida debe servir para algo

con su insinuante danza, el humo del cigarro oficia el rito mortuorio del fumador

perdido entre los pliegos de un libro, el marcapáginas tuvo que aprender a vivir como un náufrago

el pobre san Dimas no tuvo más remedio que devolverle la cartera a Jesús

cuando el león no supo mentir más, los animales de la selva proclamaron la república

cuando era niño, en verano, las golondrinas se juagaban mi vida en la estrechez de la calle de San Roque

hay más filosofía en el mito de la taberna que en toda la obra de Platón

—¿Tienes fuego? —preguntó el ajusticiado al jefe del pelotón de fusilamiento

un arco iris de luto es un arco iris en escala de grises

los limones de Renoir son cítricos de arte

una lluvia de estrellas es la alopecia de la noche

las doce en punto en un reloj de saetas es como otro obelisco robado por los ingleses

hoy en día Moisés remontaría el Nilo en una patrullera de la clase Point

traspapelado entre los documentos de la declaración de renta, mi destino

blanco de piel, pero oveja negra para el pueblo

del lecho al nicho no hay tanto trecho

vi a mi soledad respondiendo a otra oferta de trabajo

muchos futbolistas y exceso de futbolistos, y así va el país

... pues yo pienso en existir luego...

si los lápices llevan goma, ¿por qué la historia se repite?

si el acceso a las bibliotecas es libre, ¿por qué la historia se repite?

La A es una barraca valenciana
La B no es más que un ocho que han divido entre dos
La C es el cuarto decreciente de la luna
La D es el embarazo de la I
La E es una estantería
La F es una E con las piernas cruzadas
La G son los comienzos de aquel eclipse de sol
La H es una B firme ante la bandera
La I es un obelisco que los ingleses robaron de Egipto
La J es la ganzúa que suele abrir todas las puertas
La K es una I desfilando el día de la Pascua Militar
La L es una I con zapatos de payaso
La M es una N con muletas
La N es la plebeya servidora de las eñes
La Ñ es la reina coronada de las enes
La O es el plenilunio para los meses de otoño
La P es un banderín redondo ondeando al viento
La Q es una manzana boca abajo
(tal vez la de Eva, tal vez la de Blancanieves)
La R es una P sustentada en un puntal
La S es la serpiente de Eva
La T es aquel columpio en que se balancea el alfabeto
La U es la damajuana en que se prensa la uva
La V es un bambú de dos tallos
La W es una M fallecida
La X es la cruz en que se ajusticia el diccionario
La Y es una V dispuesta en una peana
La Z es una S picassiano-cubista

amanecer

el amanecer es una sangrante herida de tiempo en el manto de la noche

llover sobre mojado

llueve la lluvia
y
lo hace sobre un suelo mojado
de lágrimas
y
pleamar

a bocajarro

la noche descerraja
una ausencia a bocajarro,
un verso a tumba abierta
y
lamento urbi et orbi

las vías de mi tren
no se allegan al desierto

esperándote

también así se escribe el día,
en silencio
bajo un árbol
escuchando el rezongar del cosmos
y
esperándote

gravitón

tan lleno de nada
como el espacio sideral,
solo gravitones
que gravitan hacia ti

greguería

la fuente de los deseos agotó sus aguas
antes de recibir el canto de mi moneda

tratados

tu sonrisa es un tratado,
en verso,
de astrofísica avanzada

tu mirada,
el compendio de todas las cosas
tu piel,
la materia que conforma el universo,
y
tu cabello,
la maraña que lo enreda
en un motivo irrenunciable

excusa

dice Ramón que si el mundo es greguería
dice Efraín que poemínimo
yo creo que el mundo es otra excusa para poder plasmarte en verso

no

No sóc res
No sóc gens
No sóc ningú
Per no ser,
moltes vegades,
ni sóc...

verdad

muchas veces
pesa tanto una verdad
que no hay papel que la sustente

hospital de pueblo

largos pasillos almenados de consultas
hombres de blanco
mujeres de blanco
caras de congoja
y
un helipuerto
en el que solo puede aterrizar la muerte

mano ejecutora

los poemas no se escriben solos,
todos necesitan una mano ejecutora

Pesadilla

una tumba sin nombre
un aullido sin red
ni salida de emergencia
aluminio incandescente
renqueando por las venas
una rosa
el último estertor
eso fue todo

cap de sentit

si ho penses bé,
res no en té cap de sentit

es aquí

es aquí
aquí abajo
en el subsuelo
el único lugar en el que el sol
sigue brillando

bajo la arena del silencio
el camino que te llega hasta mis sueños
sigue intacto

lo sé

aun sabiendo, como sé,
cómo acabará la historia,
mordería la manzana
si fueras tú quien la ofreciera

borracheraa

... esa curiosa forma
en que fermenta tu mirada
en mi consciencia
y
me emborracha

viniendo

viniendo hacia ti
he alcanzado a vislumbrar
los arcanos de la noche

poenimio

un hachazo bien certero
en una llaga ya enquistada,
eso debe ser un poenimio

allá

allá,
en el fondo mismo
de un sueño venido a menos,
siempre habrá un lugar
para nosotros
y
para lo que fuimos,
fuera, aquello, lo que fuera...

verdad

una,
grande
y
mía
es
la
verdad,
y
no
hay
más
verdad
que
esa

soñar

¿... Soñar con usted
cuando usted es el sueño?
¿... debatir con usted
cuando usted es el debate?
la noche aspira a ser noche
como cada verso aspira
a ser tu verso

petricor

¿es petricor el petricor de lágrimas sobre la pleura del alma?

volar

Me cuacaría volar sobre o zielo d'a tuya soledat y debuxar ixa riseta que te faiga compañía en os tuyos momentos de recosiros, acariziar o tuyo pelo con os míos versos y dar sentiu a lo mundo que nos une y nos desepara.

ergo

Pienso, luego sufro

anorexia

Algunas dietas solo te permiten perder 21 gramos

lágrimas

Las lágrimas de pez llueven sobre mojado

nueva tanda de greguerías

Hacerse el tonto para no parecerlo ante los tontos

Tu apatía es un paraguas para la lluvia de estrellas

Soñé que moría. Desperté y era verdad

Ya en el nicho, soñó con resucitar

Ahogarse en un paso de agua

Es tan poco común el sentido común que la cosa no tiene sentido

El tal Velázquez pintaba dando golpes de Diego

Del bicho al techo hay mucho trecho

Del bicho al pecho hay mucho lecho

… cuando la Olivetti apedreaba aquel papel con sus verdades…

Los crédulos creerán lo que dice el índice. Los incrédulos tendrán que leer el libro entero para confirmar que el índice no miente.

Los profetas gritan tanto porque quieren acallar la voz de Dios

Cuando acaba el amor comienza la desamortización

noche

miente la noche
cuando siento tu mirada
aguachinando mis circunstancias

¿miente?

despertar

Solo al despertar te das cuenta de que estabas dormido

ese momento

ese momento
en el que todas las preguntas
se abalanzan sobre ti
y
solo puedes atisbar cómo,
a lo lejos,
un reguero de respuestas,
en su huida hacia la noche,
te abandona

ese es el momento,
créeme

lejos

Me quisiste tan lejos de ti, que tuviste que inventar un nuevo trozo de universo

pereza

Por no suicidarse se hizo el muerto, así es de perezoso

monedas

Yo también podría ser rey de las Españas, pero soy tan feo que deslustraría las monedas…

risa

El que ríe el penúltimo se las ve venir.

tarde engañosa

tarde engañosa
de otoño
y
agosto
confundidos en la tarde

tarde falaz
y
embustera
de viento
y
canícula agitando,
oriflama,
el rezongo de tu voz

tarde indulgente
de versos
a la sombra
de tu ausencia

tarde

los poderes del Estado

Los poderes del Estado: dinero, guita y parné...

... y el cuarto

... y el llamado «cuarto poder», la pasta...

hispanogénesis

¿España parió a Berlanga o Berlanga parió a España? ¿Qué fue antes, el huevo o el esperpento?

ecuación

El cristianismo es una ecuación con cruces en lugar de equis.

pinoccio

Pinoccio no es el único con madera de mentiroso

soledad

Cuánta soledad cabe en una amistad sincera

amistad

Amistad por conveniencia: ego-istmo

vaho

Parecía una vida feliz y no era más que un espejo avahado.

suicidio

Se descerrajó una metáfora en la sien.

poesía

La poesía ni se crea ni se destruye, simplemente fluye.

andares

Su cabeza tan vacía es lo que le procuraba ese andar tan vacilante por los caminos de la vida.

teclazos

No me gusta hablar mal de nadie ni insultar, pero cuando escribo sobre algunos suelo presionar las letras del teclado con mucha rabia.

titulitis

Cuando creía que nadie podría arrebatarme el título de mejor poeta de mi casa, ladró el perro.

darwin

… y el mono se disfrazó de hombre para agradar a Dios…

aquel político

anverso
y
perverso reverso
bien concienzudo en sus formas
y
traqueteante en sus soflamas

sommelier

… sommelier de tus besos…

baño

yo queriendo enamorarte y bañándote en mis lágrimas

realidad

la realidad siempre supera a la micción

palabras

no hay palabra fea si es tu voz quien la pronuncia

alarma

la poesía es una alarma cargada de futuros

refrán

nunca digas de esta fragua no beberé

final

todo el mundo
presumiendo de principios
y
lo mejor
suele venir al final

epitafio

nunca aparentó su edad,
y,
mucho menos,
ahora

Pinoccio

Con la nariz de Pinoccio
construyeron los barcos que te trajeron a mí.

comprensión

… si pudieras comprender lo que,
tal vez,
ya comprendes…

Autobiografía en tres palabras

1.- buscarte
2.- encontrarte
3.- perderte

cohen

Dijo Leonardo que la niebla no deja cicatrices

más allá

¿hay vida después del punto de no retorno…?

enfermedad

no hay peor enfermedad mental que la cordura

darwin

Efectivamente,
el camino de mono a hombre
es un camino de descenso

Non Plus Ultra

Loba
Loca
Lacra
Dogo
Roca de lobo devenido en ciervo...

... soga

(esa peca...)

mirar al cielo
y
descubrir una estrella nueva

resaca

de todas las resacas posibles,
no hay otra tan dolorosa
como la resaca de la sobriedad

silencioso

como yo en una cacharrería

miedo

es tanto el miedo a encontrarte,
que solo salgo a buscarte
allí donde sé que no estarás

tal vez

tal vez el infierno
sea solo un cielo sin ti

septiembre

septiembre es azul,
siempre lo ha sido

allí

allí donde tu aliento
susurra versos a la luna,
ahí es...

ACNUR

código ACNUR:
refugiado en los poemas de otros libros por leer

artista

alegrar la sonrisa del inteligente
y
aventar la incomprensión
de quien se las da de inteligente

bona nit

Bona nit, Princesa Insomne,
musa y argumento
en mis largos diálogos
con la noche que no acaba,
luz,
silencio
y
agonía de mis sueños

sorna

la muerte me mira con sorna
cada vez que programo mi futuro

propuesta

el hombre propone
y
Dios pospone

corvus corax

cría alcaldes/as
y
te sacarán los ojos

saber

la noche sabe tu nombre

saberes

... después de todo
¿para qué sirve la noche
si no es para saberte...?

sed

dame de vivir
que tengo sed de vida

palabras

esas palabras,
esas palabras que vienen a mis noches
cuando te recuerdo,
son las que dibujan la derrota de mis barcos
en el océano incontenible de mis sueños...

poema

no hay ningún poema
que sea solo un poema...

refunfuños

refunfuña la noche
cuando adivina la aurora
por no querer desprenderse
del sueño en que te sueño
como nunca se ha soñado

pragmática religiosidad

plomero de Dios
que gritas el recado del mudo
ten pasión por nosotros,
torero de Dios
que imitas el recaudo del rudo,
daño en la faz

probetas

...podrá no haber probetas,
pero siempre habrá poesía...

imperativo plural

sed sed

navegante

navegante, no hay navío,
se hace navío en la mar

hoja de servicios

Trabajé de gato
De los que agitan la mano
En un restaurante chino
Durante dos años

Después trabajé de perro
De los que agitan la cola
En una tienda de perros
Durante tres meses

Después trabajé de ogro
De los que agitan la lengua
En un partido político
Durante un mandato

Ahora cansado y rendido
Ya solo agito, en la noche,
Lamentaciones de viejo

frase hecha

También sería causalidad...

karmas

... karmas de destrucción masiva...

democracia...

... urnas de destrucción más i.v.a...

no eres tú...

No eres tú, soy yo,
le dijo la luna al sol
finalizado el eclipse...

viento

definidas por la voluntad del viento,
las nubes de mi tormenta
y
el aroma de tu quietud

libros

libros libres libran libras de libertad.

luchas

no hay lucha que no incluya dos derrotas,
y
una será,
siempre,
la del vencedor

relectura

te leí sin buscarte y no puedo dejar de releerte en cada arista de cada letra de cada verso

rosa de los vientos

me hiciste perder el norte y te convertiste en mi rosa de los vientos

tizón

lo malo de la oveja negra no es el color de su lana, sino la sonrisa libre y soberana con que, desde fuera, observa al rebaño

alma

dijo un tal Emilio
(Calvo de Mora,
cordobés del año 66)
que el alma es asunto
de clérigos y poetas.
los unos por castigarla.
los otros por rescatarla.

si y solo en caso de…

… si Cristo levantara la cabeza…

vida

en esta vida nuestra, cualquier parecido con la realidad es pura coincidencia

imaginación

... no imaginas...

circunstancias

Yo soy yo y tus circunstancias, y si no me salvan ellas no me salvo yo...

digan lo que digan

digan lo que digan los filólogos, digan lo que digan los lingüistas y digan lo que digan los que saben todo sobre el todo, no hay palabra más palíndromo que la palabra «amor»

yermo

yermo de ideas,
quise plagiar un poema al cielo
y,
rebuscando entre sus páginas,
solo encontré tu sonrisa
dibujada en las estrellas...

Manual de cardiología

Dicen los cardiólogos que el corazón no duele.
¡Qué coño sabrán esos galenos cardioplanistas sobre lo que es un corazón...!

tal vez...

tal vez sea porque usted
justifica la existencia
de la poesía

a la luz...

... a la luz de los últimos acontecimientos

¿De verdad el fin del mundo nos encontrará a mí echándote indirectas y a ti haciendo como si las ignoraras?

bonhomínico

como el bonhomínico arrebol inmarcesible en forma de joyel que adorna el cielo de la tarde,
así la sempiterna y nefelibata limerencia que cincela mis razones,
tan mías, en tus días, tan tuyos y tan nuestros...

por eso…

porque mis dedos, en el teclado,
se me enmarañan en tu cabello,
porque mis versos, en el papel,
se desparraman sobre tu piel,
porque mis credos, en el silencio,
se hacen eternos en tu mirada,
porque mis mapas, en tu indulgencia,
siempre confluyen en tu bondad

por eso (te) escribo,
por eso te escribo
por eso

luz

una luz en la noche:
tu nombre en mis lamentos...

manzana

no es la manzana,
es quien te la ofrece

antes de que cante el gallo

si antes de que cante el gallo
te habré de soñar tres veces,
si no solo de tu pan
habría de vivir mi hambre
sino de toda palabra
que ha de salir de tu boca,
si hemos de ser bienaventurados
los que buscamos tu faz,
y
si tú has de ser el camino
y
la verdad
y
la vida,
tu cuerpo ha de ser el único evangelio que necesita mi fe...

teoría del arte

todo «ismo» ha de ser istmo o no será…

poesía

surge de ti
para llenar de ti las cosas
y
otorgarles un sentido

y
vuelve a ti,
cansada
y
vaporosa,
en busca de su camino

¿Que qué es poesía?
¿Y tú me lo preguntas...?

Del buen suceso que el valeroso

don Quijote tuvo en la espantable y jamás imaginada aventura de los molinos de viento, con otros sucesos dignos de felice recordación

¿Qué viento extraño hace rodar las aspas del reloj?

muixeranga

si muero enterradme
en la tierra de mi tierra
con los míos (falta uno),
al son de la muixeranga
y
con la bandera de la Paz
(Picasso, Paloma y Olivo)
batiendo el viento de la tarde

Lignum crucis

mi lignum crucis más sagrado es una astilla de tu puerta

cristal

todo es del color del cristal con que lo mides

extraña sensación

esa extraña y complicada sensación de que no estás haciendo sino un cameo en tu propia biografía…

… del Evangelio de los dementes 1

Dios ha de estar muy loca para permitir lo que permite…

… del Evangelio de los dementes 2

… y dijo Dios:

«Haced lo que queráis. Yo, ya, me rindo…»

… del Evangelio de los dementes 3

… y dijo Dios:

«… pa lo que me queda de estar en el convento…»

refrán

de grandes penas están las sepulturas llenas

dolor

me muele la duela

fracaso

de tanto fracasar
he perdido el miedo al fracaso
y,
ahora,
es el fracaso quien me teme
a
mí

plaga

... el amor
ha de ser
la novena plaga bíblica...

vuelo

vuelo hacia tu arcano
con mis alas de poeta
por llover sobre tu piel
la tinta de mis desvelos

borjiana

Como dijo aquel tal Borjes,
el amor hay que cultarlo,
no ocultarlo

matrioska

Como en una matrioska,
tu alma yace en mi alma
que duerme en tus ojos
que habitan mis ojos
que descansan en tu piel
que da forma a mi memoria

futurofobia

El miedo al futuro
se forja en el pasado
pero escuece en el presente

futurofobia 2

el presente es un trozo de pasado
embozado en el futuro

tú

Therese
Eurídice
Dulcinea
Penélope
Roxana
Iztaccíhuatl
y/o
el sabor de tu sonrisa acicalando cada instante

cobertor

un cobertor de peonias
arrebola el cielo

cenas

decenas de centenas de millones de azucenas

apología

no querría hacer apología
de la muerte inclemente,
pero es muerte perversa
la que saluda tu ausencia

rebeldía

hubo un girasol rebelde
que no miraba hacia el sol

patán

arderás en las calderas del patán

profesión

no sé si cobrando, como cobro,
el salario ínfimo interprocesional
podré dedicarme a vivir
del noble arte del poenimio

mientras tanto

mientras tanto,
mis dedos se dedican a escuchar
cómo rielan las saetas
en la esfera del reloj

ahí

en lo más hondo
del más cálido rincón de cada momento…
… ahí

Presente de indicativo

yo aforismo
tú epigramas
él sentencia
nosotros axiomatizamos
vosotros proverbiáis
casi nadie entiende

microcuento

Érase una vez un microcuento que, tan pronto como empezó, llegó a su fin.

almíbar

Solo el almíbar de tu voz
puede regar las dunas
de mi desierto
y
solo una proclama de tus labios
puede proclamar la solución
a la problemática proclama
de mi poemática proclama

pensarte

es sentir, decir, caer, romper, morir, crujir, gemir,
es asfixiarse por exceso de vida,
vivir en la asfixia y por la asfixia,
despeñarse por la sima de los sueños,
sucumbir ante el destino,
desear,
amar,
morir…

a quien corresponda. refrán

a Dios robando y con el cazo azotando

momento

ese momento
en el que todas las preguntas
se abalanzan sobre ti
y
solo puedes atisbar cómo,
a lo lejos,
un reguero de respuestas,
en su huida hacia la noche,
te abandona

ese es el momento,
créeme

soledad

la soledad de la multitud
¿la has sentido?

historia(s)

el pasado
siempre
determinará el presente,
aunque tantos pretendan
que su presente
determine nuestro pasado

corrección

por ser
todo
lo políticamente correcto
que,
hoy en día,
toca,
os diré que,
más que Manuel Miguel Hervás Lino,
soy una persona
manuelmiguelhervāslinoazada

viento

Quién fuera viento en su cabello, brisa sobre su rostro y/o céfiro sobre su piel...

sabes

las conversaciones a tumba abierta, solo con aquellas personas
que sabes que no te dejarán caer en la tumba

las conversaciones a corazón abierto, solo con aquellas personas
que sabes que continuarán activando el corazón cuando la herida
se cierre

patria

mi patria es el viento
que contornea tu imagen
y
la luz que le da forma

despertar

Despertar para enviarte un poema y volver a soñar recibiendo tu respuesta: sístole y diástole

poema

Me encanta ser tu poeta
Me encanta que seas mi poema

silencio

bajo la pleura del alma
un silencio descarnado
y
gris carcome el día neonato

sin estrellas que contar
mis ojos se tiñen de olvido
y
mis manos buscan
el mensaje de tu piel

la vida me devuelve,
como un bumerán,
el reto que le lancé,
pero hoy me siento viejo, angosto
y
torpe para recibirlo

no hay caminos persignados
en el mapa del futuro

taquicardia

pericardio adentro,
sistoleas
y
diastoleas
con la fuerza de un ciclón
de fuerza 5
(taquicardia sinusal,
me parece que la llaman...):

la diástole golpea el pericardio
mientras cada sístole se estampa
contra lo más duro de tu ausencia

alfileres
y
nostalgia

taquiarritmia

desazón

planes

un lápiz de Ikea
y
el aroma del café
confundido en tu sonrisa,

mis dedos indagando en tu cabello,
mis manos cincelando tu semblante,
mis brazos confundiéndose en tus brazos
y
mis días confundidos en tus noches

y
ese armario que no cierra,
y
esa puerta que no abre,
y
esa bombilla que no enciende
y
el crepitar de tu mirada
en los espejos de mi alma,

y
el calor
y
el frío
y

los poemas de Bukowski
encorsetados en la balda
y
las estrellas
y
lo cursi del momento,

y
la sed
y
la nostalgia
y
el sabor a plenilunio,

y
tus silencios tan intensos

y
esa verdad tan contenida
en cada poro de tu piel,
que trato de dibujar
en nuestro mapa del tesoro...

¿sabes?

¿sabes cuando,
en pleno invierno,
echas de menos
el verano?
¿o sabes el momento
en que la primavera
se convierte en un poema?
¿o sabes esa pesadumbre
tan consustancial al otoño?

¿sabes ese inesperado rayo de luna
que convierte en sonrisa la noche?
¿sabes esa epifanía
con vocación de catarsis
en la que todo toma sentido?
¿sabes el momento
en el que todo encaja
y
los días toman forma?

de las tinieblas haces luz
y
del silencio destino

victoria

perderme en ti
y
por ti
y
quemar los barcos

pírrica victoria

victoria

gentes

las buenas gentes
que habitan en mi alma
buscan tu mirada en cada espejo,
todas
y
cada una de ellas...

fanfarria

fanfarria de arrebol
y
comparsa de matices,
vidriera de reflejos que tamizan paulatinamente el cielo:
amanece
y
pienso en ti…

finjo

finjo escribir poemas mientras,
en realidad,
dibujo el mapa del tesoro
y
una rosa de los vientos
que acompasa mis caminos hacia ti

FENOMENOLOGÍA DE LA CONTRADICCIÓN…

… ¿cómo puedes ser tan mi noche entera siendo, como eres, tan la luz de mi amanecer…?

… por si alguien te pregunta

desazón en el alma,
como una dulce sombra de soledad
y
desamparo,
cuando usted me falta
y
un tímido silencio,
timorato
y
apesadumbrado,
cuando su voz calla:

por si alguien le pregunta,
sepa
que no quisiera dejar el mundo
sin saber de las veredas de su cuerpo
ni
de los hielos de su alma,

del sabor de su sonrisa
o
del aroma de su piel,

del bouquet de sus anhelos
o,
aún,

del resabio
de sus lágrimas,

por si alguien le pregunta,
sepa
que su noche arde en mi día
y
su rocío arde en mi sed,

por si alguien le pregunta,
sepa
que usted es el poema
y
la poeta
de los versos que cabalgan por mis venas,

por si alguien le pregunta,
sepa
que usted es la teología
de mi salvación

SEIS POEMIMIOS SOBRE TUS OJOS Y MIS DÍAS

I

quise conseguirme
un refugio nuclear
para refugiarme
de la radiactividad
de tu mirada,
pero no pienso esconderme
de una de las pocas cosas
que nutren de vida a mi alma

II

intento soñar con tus labios
y,
el logaritmo,
me cuela publicidad de tus ojos

III

tus ojos son
un despeñarse barranco abajo
pero en cámara lenta
y
con final feliz

IV

poco importa la pregunta,
tus ojos son la respuesta

V

se inventaron aquello de Dios
porque no habían visto tus ojos

VI

el mundo es la novela,
tus ojos, el punto de lectura

transito

transito,
de memoria,
tu piel
con la yema de mis dedos,
buscando en cada poro
ese mensaje oculto
que tus labios me niegan

divago,
a tientas
y
a distancia,
entre los pliegues que tu voz
ha abocetado en el silencio
en que me pierdo cuando callas

náufrago,
a tumba abierta
y
sin resaca,
en el néctar del deseo
que desea desearte
y
te desea en el deseo

aplano,
sin rodeos
ni circunloquios,
el camino a la catarsis,
desnivelado
y,
ya,
en cuesta

Tú en el relato de mi vida...

un planteamiento,
diez mil nudos
y
ciento cincuenta millones de posibles desenlaces,
eso eres tú
en el relato de mi vida...

Desde el alba

Desde el alba hasta el infierno,
triple salto mortal
(sin tirabuzón posible...)
y
cielo en llamas

(o
morir de muerte ajena
y
grito en vena...)

(o morir de muerte rota...)

(o morir...)

y un viento que crepita entre los versos
que me niego a murmurar.

Es tan a mi pesar que ejerzo de nacido algunas veces...

misiva

a veintiséis de septiembre del año en curso,

en algún remoto instante entre las nueve y las diez de la mañana,

en algún lugar remoto entre tu piel y mis desvelos,

hoy me he vuelto a sorprender intentando emborronar tu ausencia con sonrisas y tequieros.

hoy me he vuelto a sorprender intentando discernirte entre las brumas de un camino yermo e indolente que me desdibuja de tus días.

hoy me he vuelto a sorprender especulándote en mis versos y asimilándote en mis sueños.

el otoño se presenta otoño de sentimientos e invierno de destinos...

Ya sé…

Sí,
sé que a trescientos kilómetros de distancia
es imposible,
pero,
aun así,
escruto el día en busca de tu olor
y
me dejo acariciar por tu resuello
y,
aunque a trescientos kilómetros de distancia
no parezca muy probable,
entiendo de los poros de tu piel
y
entiendo del sabor de tu sonrisa.

tú y solo tú

no necesito estar en ningún sitio
para mirarte desde allí,

para mirarte,
para observarte
y
aprenderte de memoria,

para documentar la luz de tu mirada
o
para buscar mi aliento
en el refugio de tus labios,

para enmarañar mi alma
en el enredo de tu cabello
o
para perder la vida
en el salto de aquel escote,

para buscar a Dios
en el mapa del tesoro de tu piel,

para encontrar mi sitio
en el aroma que tu cuerpo empapa
en el genoma de mis anhelos

no necesito estar en ningún tiempo
para esperarte,
desde ahora
y
para siempre:

tú,
y
solo tú,
me manuelmiguelhervàslinoalizas
y
me haces
hombre

génesis apócrifo

Al principio, creó Dios tus ojos y la luna.

Y, en la tiniebla de la noche, el resplandor de tu mirada convirtió el cielo en destino.

Y dijo Dios: «Exista la luz». Y sonreíste. Y vio Dios que la luz era buena. Y separó Dios la luz de la tiniebla y llamó Dios a la luz «delirio» y a la tiniebla «nostalgia». Pasó una tarde, pasó una mañana: día primero.

Y dijo Dios: «Exista un horizonte entre los versos que separe las aguas de las aguas». E hizo Dios tu cabello y separó las aguas de debajo del firmamento de las aguas de encima del firmamento. Y así fue. Llamó Dios al firmamento «cielo». Pasó una tarde, pasó una mañana: el día segundo.

Y dijo Dios: «Júntense los cielos en un solo suspiro, y susurre el viento los arcanos de tu piel». Y así fue. Llamó Dios a tu cuerpo «mujer». Y vio Dios que eso era bueno. Pasó una tarde, pasó una mañana: el día tercero.

Y dijo Dios: «Cúbrase la tierra de verdor y tu cuerpo de vida, vida que engendre semilla y desate una tormenta de pasión sobre el ojo que te vea». Y así fue. La tierra brotó hierba verde y tu cuerpo el frenesí. Y vio Dios que era bueno. Pasó una tarde, pasó una mañana: el día cuarto.

Y dijo Dios: «Produzcan tu cuerpo y tu existencia turbación en quien te vea y quien aspire a versarte y a retenerte en su memoria». Y así fue como hizo Dios la melancolía y el vacío y la estructura del camino que te busca. Y pensó Dios que era bueno. Pasó una tarde, pasó una mañana: el día quinto.

Y dijo Dios: «Te entrego la potestad de ser tú misma y de hacer tuyo a quien pretendas, de hacer un mundo mejor y de dar un sentido al sentido y un destino al destino». Y así fue. Y pasó una tarde, pasó una mañana: el día sexto.

Y dijo Dios: «Hagamos al hombre necesitado de ti y de plasmarte en sus versos». Y creó Dios a ese hombre a mi imagen, tuyo y mío lo creó. Y Dios lo bendijo y le dijo: «Sé fecundo con tus versos y que expliquen la verdad de sus desvelos». Pasó otra tarde, pasó una última mañana: y bendijo Dios el día séptimo y lo consagró al misterio de tu ausencia.

Cristogénesis apócrifa

Llueve la aridez sobre un suelo rehumedecido de lágrimas y de una árida pleamar de arenisca y resudor.

Ur Kaśdim rezuma luz.

Ur Kaśdim traspira luz.

Solo Lot lo consiguió.

Solo Ur Kaśdim es la luz.

Y Abraham, tío de Lot, engendró a Ismael y, después, engendró a Isaac, Ishāq ibn Ibrahim, la ofrenda no consumada.

E Isaac engendró a Jacob y Jacob engendró a Judá y a sus hermanos y hermanas, dueños de una tierra fértil y magnánima en que cultivaron la manzana de Eva.

Y Judá engendró a Fares y a Zara, Fares engendró a Esrom y Esrom engendró a Aram, el poeta, el bienaventurado horticultor del verbo y del silencio. El coautor.

Aram engendró a Aminadab, Aminadab engendró a Naasón, y Naasón engendró a Salmón. Salmón engendró a Booz, Booz engendró a Obed, y Obed engendró a Isaí, el cosmonauta de inhóspito destino.

Y el cielo llovió sobre estrellado. Y las estrellas derramaron lágrimas sobre el cielo del desierto.

E Isaí engendró al rey David, que vino a poner orden en el tiempo y a dar forma y un sentido a la prosapia del destino. El héroe. Lot, David y Moisés. Y, pronto, Él. La convergencia del ayer y el punto de partida del mañana.

Y, centro gravitacional y arcano de la fe, el rey David engendró a Salomón. Jedidías el sabio que supo discernir entre lo bueno y lo malo. Entre el bien y el mal. Sin manzana. Sin pecado. Sin serpiente. Solo Dios y sus circunstancias.

Solo Dios y sus circunstancias...

... y Salomón engendró a Roboam, y Roboam engendró a Abías, y Abías engendró a Asa.

Y Asa engendró a Josafat, y Josafat engendró a Joram, y Joram engendró a Uzías, el leproso.

(Promesa. Del lat. promissa, pl. de promissum).

1. Ofrecimiento solemne que hace una persona de cumplir con rectitud y fidelidad un determinado deber, empleando para ello una fórmula fija.

2. Ofrecimiento hecho a Dios o a sus santos de ejecutar una obra piadosa.

Y Uzías engendró a Jotam, Jotam engendró a Acaz, y Acaz engendró a Ezequías.

Y Ezequías engendró a Manasés, Manasés a Amón, y Amón a Josías.

Y Josías engendró a Jeconías y a sus hermanos, en el tiempo de la deportación a Babilonia, ciudad de maravillas y señora de los reinos.

Deportatio. Deportatiōnis.

ἔξοδος

Y, después de la deportación a Babilonia, Jeconías engendró a Salatiel, y Salatiel engendró a Zorobabel.

Zorobabel engendró a Abiud, Abiud engendró a Eliaquim, y Eliaquim a Azor.

Azor engendró a Sadoc, Sadoc engendró a Aquim, y Aquim engendró a Eliud.

Eliud engendró a Eleazar, Eleazar engendró a Matán, Matán engendró a Jacob.

Jacob engendró a Jehoseph, Yahveh leyosif, esposo de Miryām de Natzaret, de la cual nació Jeixua de Nataret, llamado el Cristo. El buen pastor. El siempre vivo. El oumuamua primero y único. El cristogenésico origen y destino y, en demasiadas ocasiones, la gran excusa.

Él.

Índice

praeludium 9
Saber de ti… 10
Surrealismo noctámbulo y sonámbulo 11
titulares 12
amanecer 12
sueño 13
(llámalo cambio climático o...) llámalo equis 13
historia de amor 14
índice 14
desmemoria 14
noche 14
receta 15
pecador 15
refrán 15
inanimismo 16
ese lugar en el tiempo 16
pueblo 16
refrán 16
lío 17
Soledad 17
El caballero de la triste impostura 18
Tres momentos de un amanecer 19
T'amenesto 20
¿Sabes? 20
perdendosi 20

Cinco de mayo en la glorieta..21
ese momento 21
Eratóstenes..22
trámite..23
Autorretrato de memoria 23
es decir..24
Pues eso..25
Fin del acto primero..25
momentos..25
amanecer..26
¿Que por qué? 26
Milan 26
¿España?..26
saetas 27
Manolo Miralles in memoriam 27
tabique..27
historia de amor..28
catecismo 28
refrán..28
historia de amor..28
duda..29
zape..29
historia de amor..29
apuesta 30
pequeño tratado de metapoesía..30
instante..30
olvidado 30
33 botones de sotana..31
LTT9779b 41

Rueda de haikus ... 42
… y el rey del mambo… ... 44
… ... 44
un poenimio y dos haikus ... 44
mai ... 45
cansado ... 45
película ... 45
ritual ... 46
oveja negra ... 47
big bang ... 48
campechano ... 48
nada ... 48
verdad ... 48
noche ... 49
sueños ... 49
dormir ... 49
Refranes ... 50
llagas ... 51
solos ... 51
tanka ... 51
haiku ... 52
cadenas ... 52
tal vez… ... 52
perdido ... 53
Apocalipsis ... 54
Oferta ... 54
decisión ... 54
audacia ... 55
sin quererlo… ... 55

quizás.....56
esos días.....57
finales.....58
historia de amor.....58
ignorante.....58
Realidad fluida.....59
viaje.....59
tiempo de descuento.....60
temor.....60
existo.....60
cosmología.....61
Historia de amor.....61
poenimio en dos partes.....61
nostridad.....62
sin solución de continuidad.....62
aquí adentro.....63
Tres susurros al oído.....64
himno.....65
poenimio.....65
escrito está,.....65
título de propiedad.....65
07:00 a. m.....66
te espero.....67
Epigrama electoral.....68
Epigrama guerrero.....68
Patti?.....69
Epigrama estival.....69
hombre de fortuna.....69
ola de calor.....70

Aleph 71
demo ¿quién…? 71
poenimio 71
dormir 72
autorretrato 73
valencians de la ratlla d'Aragó 73
rumores 74
tal vez 74
bienaventuranza 75
síndrome 75
hoy… 75
misteri 76
días… 77
tras una lectura de Cortázar 78
duda razonable 81
¿Humphrey…? 81
de ilusión… 81
amén 81
fondo y forma 81
bloopers 82
otra de dinosaurios 82
prescripción médica 82
derecho internacional 82
democracia 83
noche 83
últimas noticias 83
polvo 84
química 84
rostro panfletario 85

toreromaquia 85
vientofilia 85
poder 1 86
poder 2 86
experto 86
hojas de diario 86
historia de amor 87
historia de amor 87
Haikugrama estival 88
eminentísima, reverendísima, sacrosanta... 88
Haikugrama nocturnal 89
mímesis 91
paradoja cuantica 92
paradoxa quàntica 93
paradoja cuántica 94
nusatros 95
nosaltres 95
nosotros 95
algunas greguerías 96
amanecer 100
llover sobre mojado 100
a bocajarro 100
esperándote 101
gravitón 101
greguería 101
tratados 102
excusa 102
no 103
verdad 103

hospital de pueblo.......103
mano ejecutora.......104
Pesadilla.......104
cap de sentit.......104
es aquí.......105
lo sé.......105
borrachera.......105
viniendo.......106
poenimio.......106
allá.......106
verdad.......107
soñar.......107
petricor.......108
volar.......108
ergo.......108
anorexia.......108
lágrimas.......108
nueva tanda de greguerías.......109
noche.......110
despertar.......110
ese momento.......110
lejos.......111
pereza.......111
monedas.......111
risa.......111
tarde engañosa.......112
los poderes del Estado.......113
… y el cuarto.......113
hispanogénesis.......113

ecuación 113
pinoccio 113
soledad 114
amistad 114
vaho 114
suicidio 114
poesía 114
andares 115
teclazos 115
titulitis 115
darwin 115
aquel político 116
sommelier 116
baño 116
realidad 116
palabras 116
alarma 117
refrán 117
final 117
epitafio 117
Pinoccio 118
comprensión 118
Autobiografía en tres palabras 118
cohen 118
más allá 118
enfermedad 119
darwin 119
Non Plus Ultra 119
resaca 120

silencioso 120
miedo 120
tal vez 120
septiembre 121
allí 121
ACNUR..121
artista..121
bona nit..122
sorna..122
propuesta 122
corvus corax 123
saber 123
saberes..123
sed..123
palabras..124
poema..124
refunfuños 124
pragmática religiosidad 125
probetas..125
imperativo plural 125
navegante 125
hoja de servicios..126
frase hecha..126
karmas..127
democracia… 127
no eres tú… 127
viento..127
libros..128
luchas..128

relectura 128
rosa de los vientos 128
tizón 129
alma 129
si y solo en caso de… 129
vida 129
imaginación 130
circunstancias 130
digan lo que digan 130
yermo 130
Manual de cardiología 131
tal vez… 131
a la luz… 131
bonhomínico 131
por eso… 132
luz 132
manzana 132
antes de que cante el gallo 133
teoría del arte 133
poesía 134
Del buen suceso que el valeroso 134
muixeranga 135
Lignum crucis 135
cristal 135
extraña sensación 135
… del Evangelio de los dementes 1 136
… del Evangelio de los dementes 2 136
… del Evangelio de los dementes 3 136
refrán 136

dolor 136
fracaso 137
plaga 137
vuelo 137
borjiana 138
matrioska 138
futurofobia 138
futurofobia 2 138
tú 139
cobertor 139
cenas 139
apología 139
rebeldía 140
patán 140
profesión 140
mientras tanto 140
ahí 141
Presente de indicativo 141
microcuento 141
almíbar 142
pensarte 142
a quien corresponda. refrán 142
momento 143
soledad 143
historia(s) 144
corrección 144
viento 144
sabes 145
patria 145

despertar 145
poema 145
silencio 146
taquicardia 147
planes 148
¿sabes? 150
victoria 151
gentes 151
fanfarria 152
finjo 152
Fenomenología de la Contradicción... 152
… por si alguien te pregunta 153
Seis poenimios sobre tus ojos y mis días 155
transito 157
Tú en el relato de mi vida... 158
Desde el alba 159
misiva 160
Ya sé… 161
tú y solo tú 162
génesis apócrifo 164
Cristogénesis apócrifa 166

Este libro se terminó de editar en Granada
en noviembre de 2024 por

www.aliarediciones.es
info@aliarediciones.es